© paletti, ein Imprint der Verlag Karl Müller GmbH, Köln 2004
www.karl-mueller-verlag.de

Text und Illustration: Hinrich Altemüller für INTERPILL MEDIA GMBH, Hamburg
Gestaltung: Altemüller Grafik-Design, Pinneberg
Türkischsprachige Beratung: Ibrahim Çelik

Umschlaggestaltung: Kraft & Partner Werbeagentur GmbH

Printed in Hungary
ISBN: 3-89893-557-4

İçerik • Inhalt

Bu benim • Das bin ich

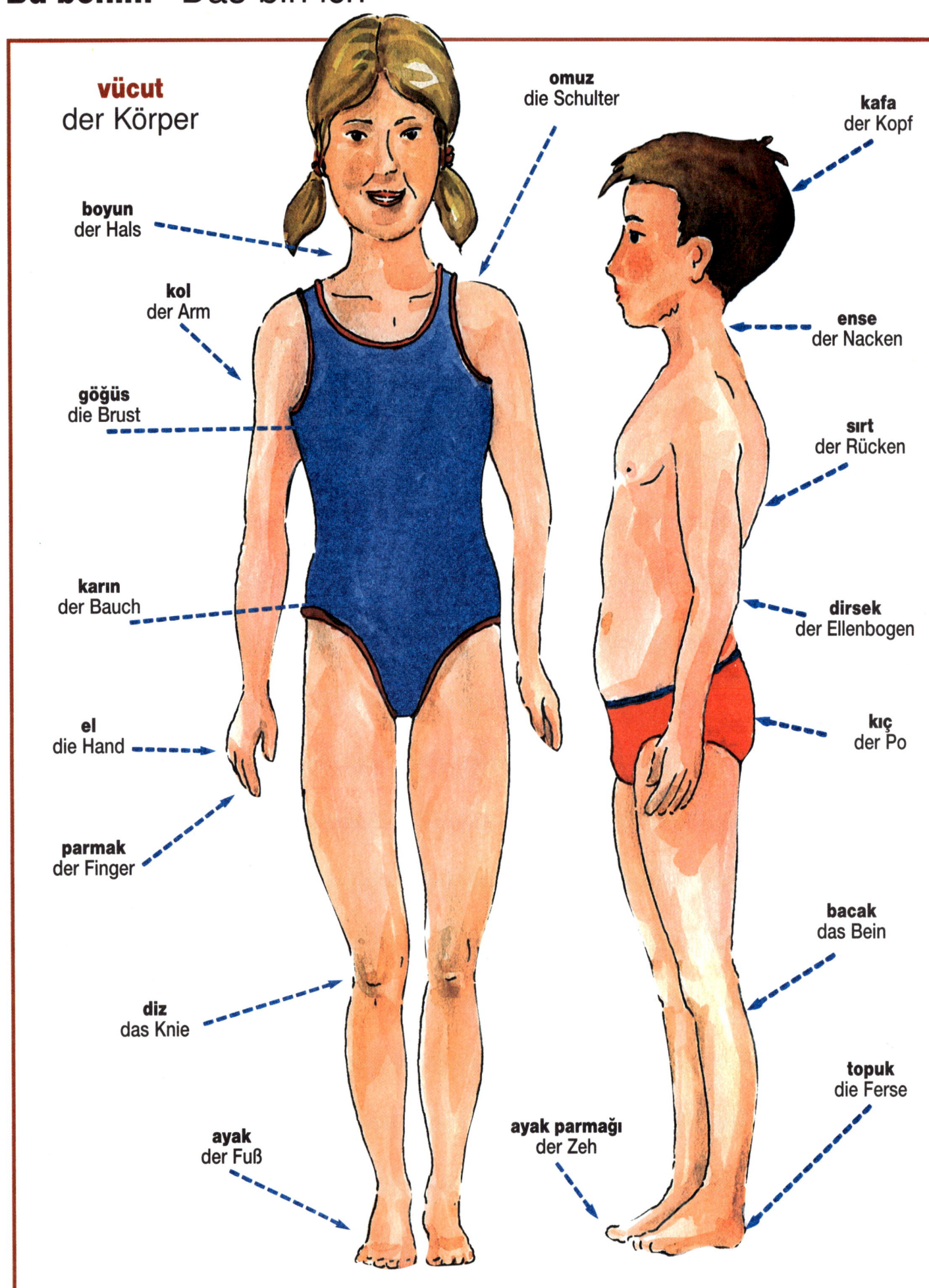

vücut
der Körper

boyun
der Hals

kol
der Arm

göğüs
die Brust

karın
der Bauch

el
die Hand

parmak
der Finger

diz
das Knie

ayak
der Fuß

omuz
die Schulter

kafa
der Kopf

ense
der Nacken

sırt
der Rücken

dirsek
der Ellenbogen

kıç
der Po

bacak
das Bein

topuk
die Ferse

ayak parmağı
der Zeh

yüz
das Gesicht

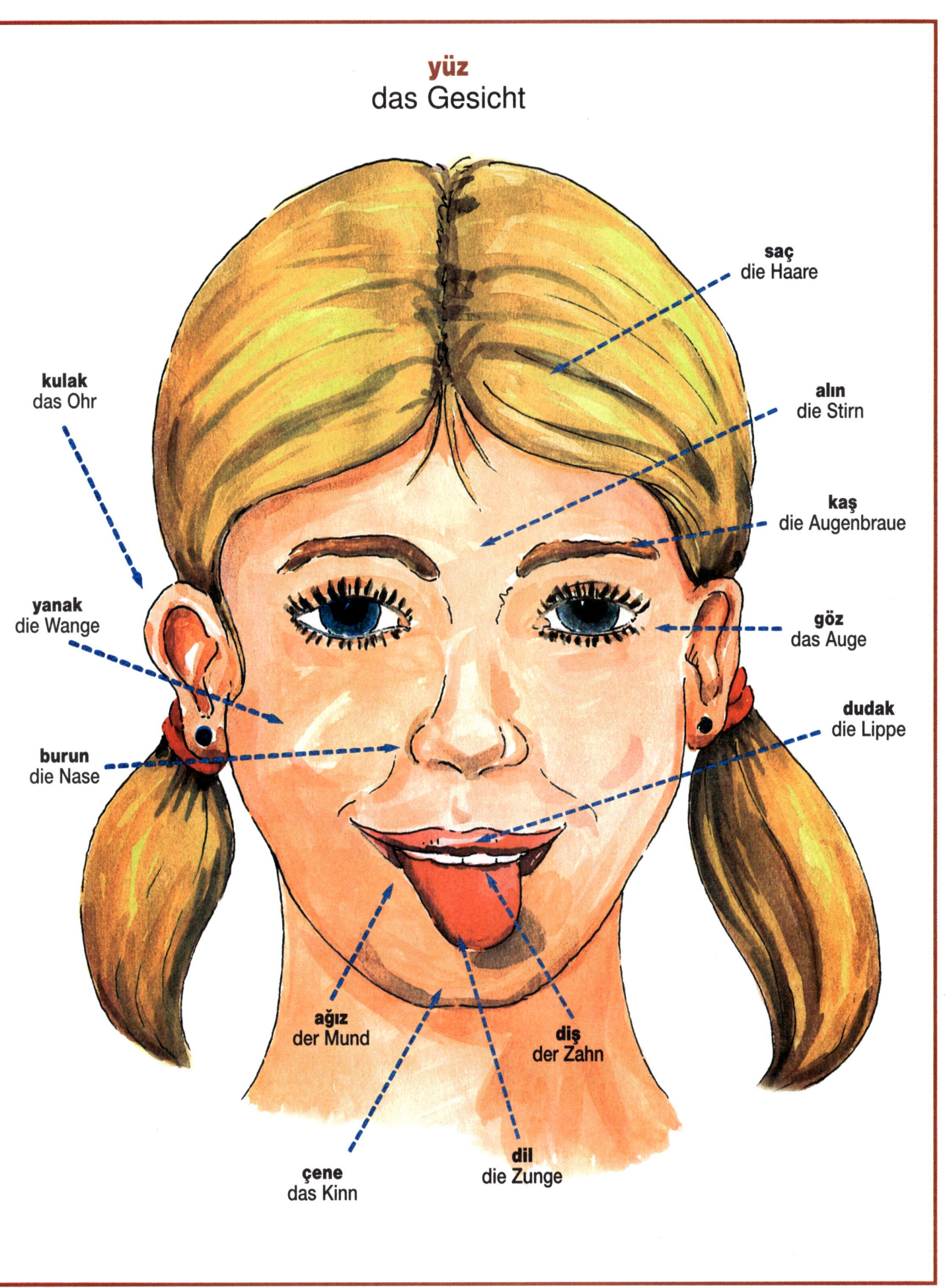

saç
die Haare

alın
die Stirn

kaş
die Augenbraue

kulak
das Ohr

göz
das Auge

yanak
die Wange

dudak
die Lippe

burun
die Nase

ağız
der Mund

diş
der Zahn

çene
das Kinn

dil
die Zunge

Ne yapıyorum • Was ich tue

uyumak
schlafen

konuşmak
reden

dinlemek
zuhören

ağlamak
weinen

gülmek
lachen

toplamak
aufräumen

diş fırçalamak
Zähne putzen

çekmek
ziehen

hesaplamak
rechnen

bakmak
anschauen

şarkı söylemek
singen

atlamak
springen

uzanmak
liegen

oynamak
spielen

taşımak
tragen

fısıldamak
flüstern

bağırmak
schreien

koşmak
laufen

oturmak
sitzen

itmek
schieben

saç taramak
kämmen

düşmek
hinfallen

okşamak
streicheln

yürümek
gehen

okumak
lesen

vermek
geben

almak
nehmen

uyanmak
aufwachen

içmek
trinken

yakalamak
fangen

atmak
werfen

yıkamak
waschen

durmak
stehen

kucaklamak
umarmen

Kıyafetim • Meine Kleidung

fanila
das Unterhemd

külot
die Unterhose

çorap
die Strümpfe

çorap
die Socken

ceket
die Jacke

kollu ince kazak
das Sweatshirt

sandalet
die Sandalen

külotlu çorap
die Strumpfhose

anorak
der Anorak

askılı pantolon
die Latzhose

gömlek
das Hemd

bilezik
das Armband

kemer
der Gürtel

kot pantolon
die Jeans

mayo
der Badeanzug

lastik çizme
die Gummistiefel

düğme
der Knopf

ayakkabı
die Schuhe

pijama
der Schlafanzug

kasket
die Mütze

eldiven
die Handschuhe

spor ayakkabı
die Turnschuhe

kazak
der Pullover

şal
der Schal

bluz
die Bluse

penye
das T-Shirt

fermuar
der Reißverschluss

küpe
der Ohrring

gecelik
das Nachthemd

kol saati
die Armbanduhr

yüzük
der Ring

bikini
der Bikini

gözlük
die Brille

etek
der Rock

manto
der Mantel

pantolon
die Hose

kısa pantolon
die kurze Hose

terlik
die Hausschuhe

9

Evimizde • In unserem Haus

koltuk
der Sessel

çamaşır makinesi
die Waschmaschine

süpürge
der Besen

çamaşır kurutma makinesi
der Wäschetrockner

tavan arası
der Dachboden

kışlık teras
der Wintergarten

dış kapı
die Haustür

garaj
die Garage

ibrik
die Gießkanne

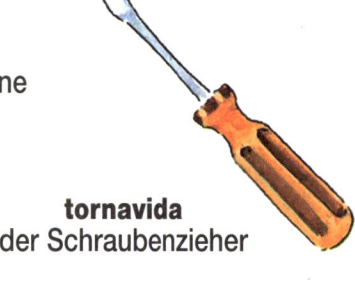

tornavida
der Schraubenzieher

çamaşır sepeti
der Wäschekorb

anahtarlık
das Schlüsselbund

baca
der Schornstein

posta kutusu
der Briefkasten

bez süpürge
der Wischmopp

balkon
der Balkon

çöp tenekesi
die Mülltonne

bodrum
der Keller

tarh
das Beet

çimen
der Rasen

elektrikli süpürge
der Staubsauger

ayak paspası
die Fußmatte

temizlik kovası
der Eimer

pense
die Zange

çekiç
der Hammer
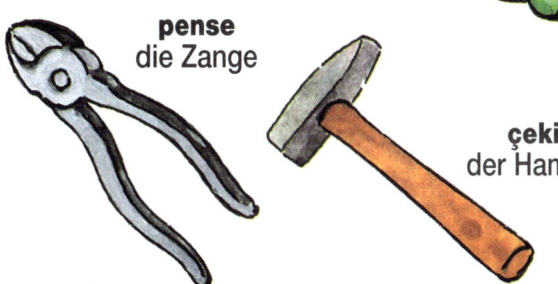

Çocuk odamda • In meinem Kinderzimmer

oyuncak bebek
die Handpuppe

gameboy
der
Gameboy

gitar
die Gitarre

oyuncak ayı
der Teddybär

poster
das Poster

yastık
das Kopfkissen

yorgan
die Bettdecke

yatak
das Bett

**beaden oyuncak
hayvan**
das Kuscheltier

merdiven
die Leiter

oyuncak dükkan
der Kaufmannsladen

şerit tahta çalgı
das Xylophon

blokflüt
die Blockflöte

oyun taşları
die Spielsteine

yap-boz
das Puzzle

bilgisayar
der Computer

yazı masası
der Schreibtisch

top
der Ball

raf
das Regal

komik
das Comicheft

çalar saat
der Wecker

oyuncak araba
das Spielzeugauto

oyuncak ev takımı
das Puppenhaus

kukla
die Marionette

lego taşları
die Legosteine

atbaşlı sopa
das Steckenpferd

oyuncak bebek
die Puppe

oyuncak bebek arabası
der Puppenwagen

oyun tahtaları
die Bauklötze

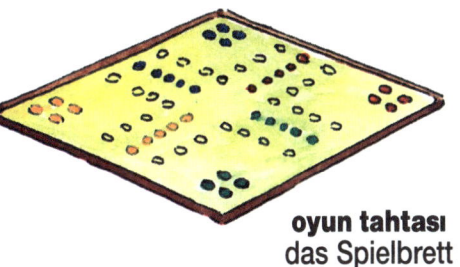

oyun tahtası
das Spielbrett

kağıt oyunu
das Kartenspiel

zar
der Würfel

13

Oturma odamızda • In unserem Wohnzimmer

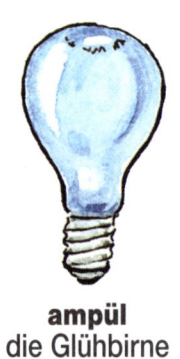

ampül
die Glühbirne

Karl May

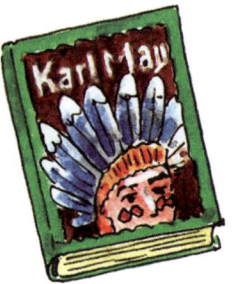

kitap
das Buch

yastık
das Kissen

TV
STARK

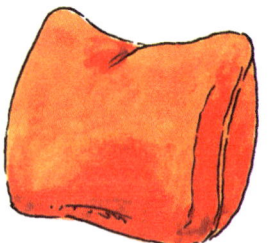

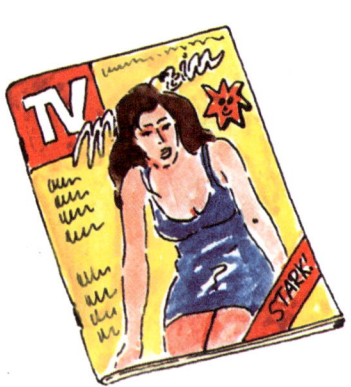

dergi
die Zeitschrift

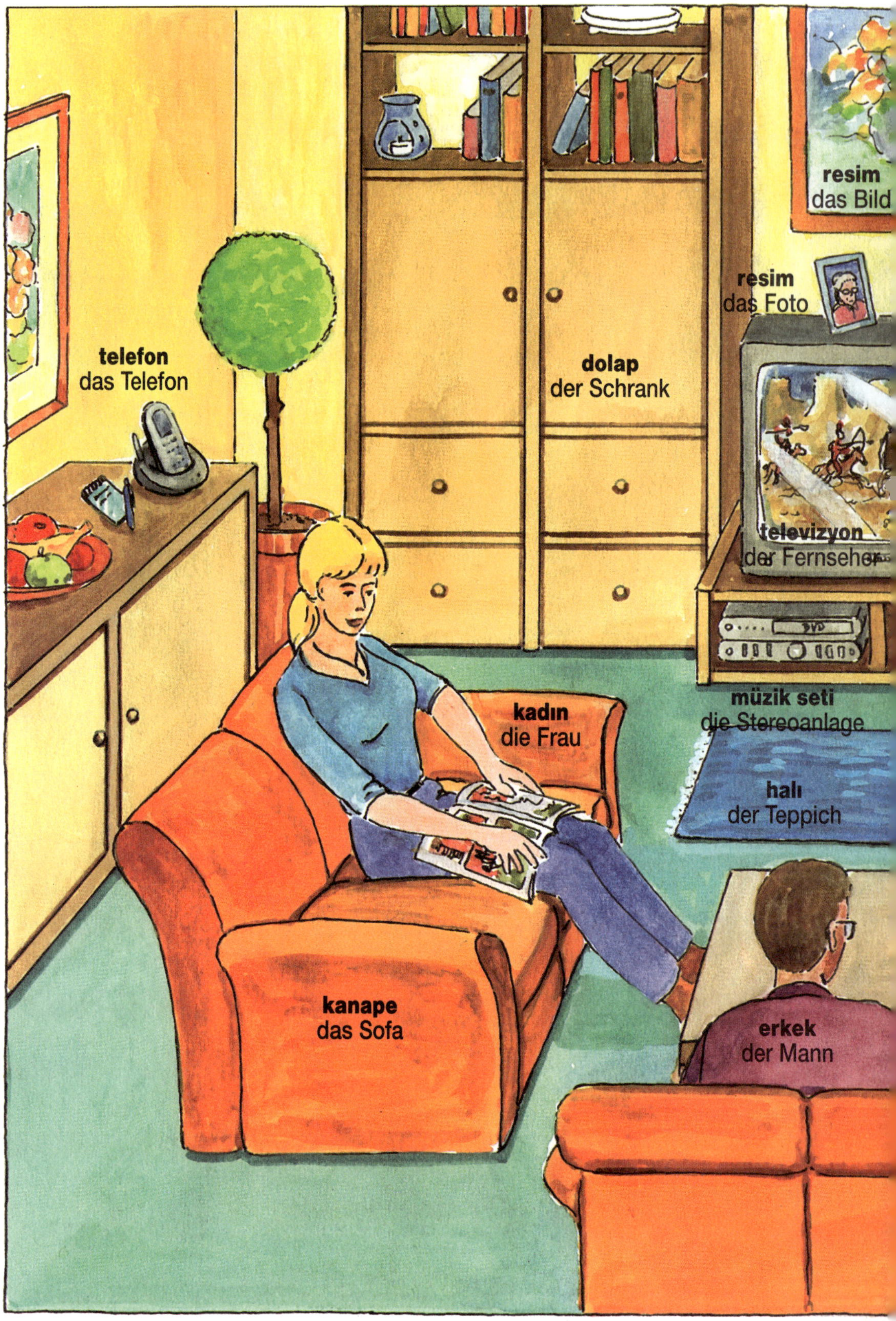

resim
das Bild
resim
das Foto
telefon
das Telefon
dolap
der Schrank
televizyon
der Fernseher
DVD
müzik seti
die Stereoanlage
kadın
die Frau
halı
der Teppich
kanape
das Sofa
erkek
der Mann

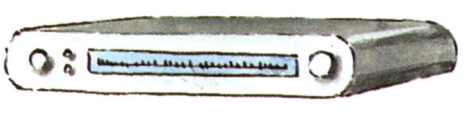

radyo
das Radio

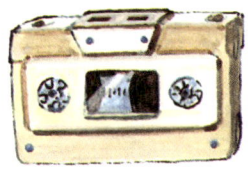

kaset
die Kassette

CD

yoğun tekerçalar
der CD-Spieler

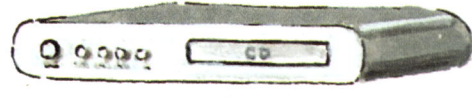

vazo
die Vase

mumluk
der Kerzenständer

perde
der Vorhang

ateş
das Feuer

tahta
das Holz

şömine
der Kamin

masa
der Tisch

lamba
die Lampe

video kaseti
die Videokassette

priz
die Steckdose

kibrit
die Streichhölzer

yoğun teker
die CD

kasetçalar
der Kassettenrekorder

uzaktan kumanda
die Fernbedienung

video kasetçalar
der Videorekorder

Mutfağımızda • In unserer Küche

fincan
die Tasse

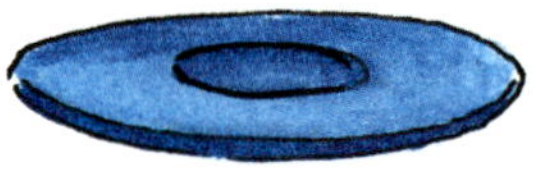

fincan tabağı
die Untertasse

çorba kepçesi
die Suppenkelle

elek
das Sieb

pasta kalıbı
die Kuchenform

çorba tabağı
der Suppenteller

kahve makinesi
die Kaffeemaschine

önlük
die Schürze

çöp tenekesi
der Mülleimer

tava
die Pfanne

kutu açacağı
der Dosenöffner

yumurtalık
der Eierbecher

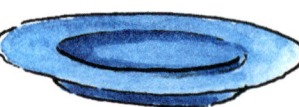

tabak
der Teller

16

buzdolabı
der Kühlschrank

baharat
die Gewürze

yuvarlak kağıt
die Küchenrolle

mikro dalgalı fırın
der Mikrowellenherd

ocak
der Herd

mutfak bıçağı
das Küchenmesser

tahta
das Brett

bulaşık makinesi
die Geschirrspülmaschine

fırın
der Backofen

derin dondurucu
der Gefrier-schrank

bıçak
das Messer

çatal
die Gabel

kaşık
der Esslöffel

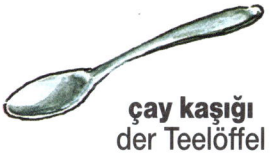

çay kaşığı
der Teelöffel

bardak
der Becher

çırpma teli
der Schneebesen

sünger
der Schwamm

bulaşık fırçası
die Bürste

şişe açacağı
der Korkenzieher

spatula
der Pfannenwender

Yemekte • Beim Essen

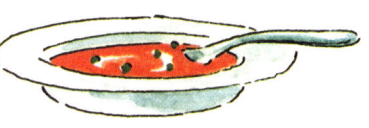

çorba
die Suppe

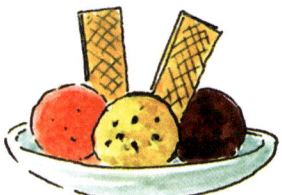

dondurma
das Eis

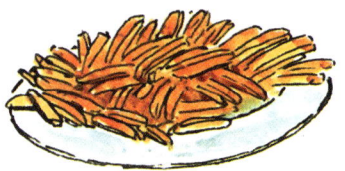

patates kızartması
die Pommes Frites

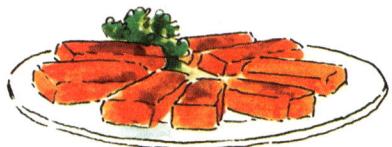

balık köftesi
die Fischstäbchen

Senf

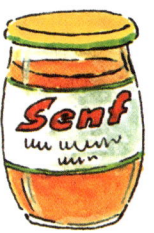

hardal
der Senf

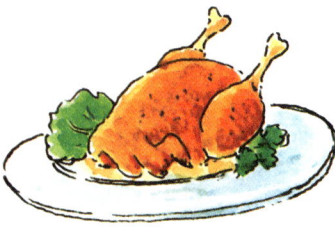

piliç
das Hähnchen

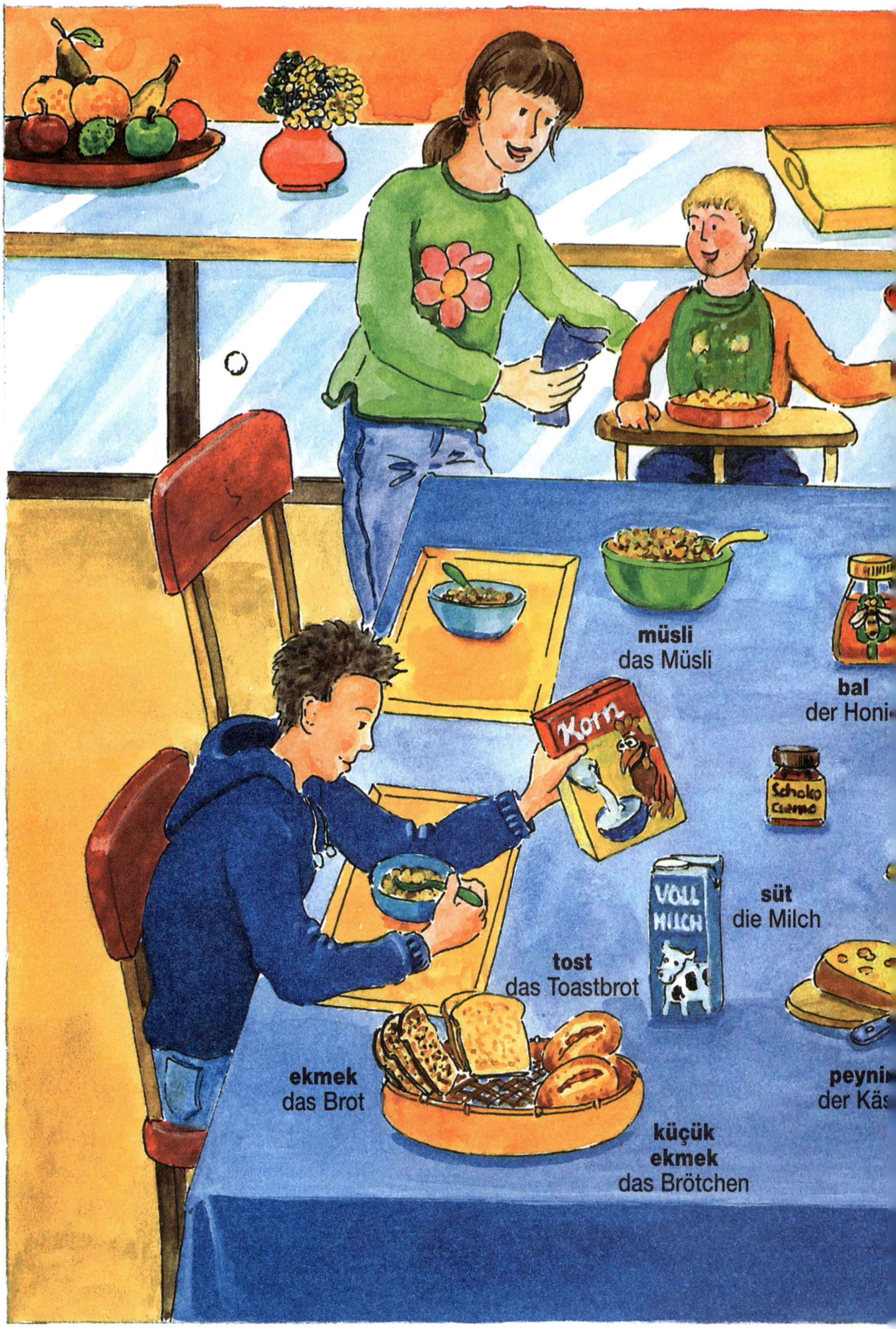

müsli
das Müsli
bal
der Honi
Korn
Schoko Creme
VOLL MILCH
süt
die Milch
tost
das Toastbrot
ekmek
das Brot
küçük ekmek
das Brötchen
peyni
der Käs

pizza
die Pizza

P
S

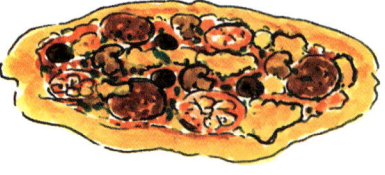

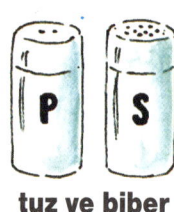

tuz ve biber
das Salz und der Pfeffer

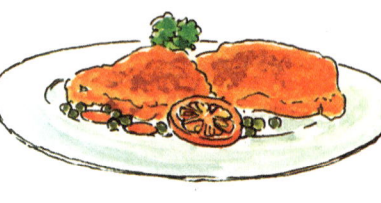

kotlet
das Schnitzel

anne
die Mutter

baba
der Vater

yumurta
das Ei

kahve
der Kaffee

sütlük
das
Milchkännchen

salam
die Wurst

yumuşak
beyaz peynir
der Quark

reçel
die Marmelade

güğüm
die
Kaffeekanne

pasta
der Kuchen

meyve suyu
der Obstsaft

pirinç
der Reis

hamburger
der Hamburger

uzun ince makarna
die Spagetti

sos
die Soße

salata
der Salat

sebze
das Gemüse

19

Banyomuz • Unser Badezimmer

fayans
die Fliesen
ayna
der Spiegel
lavabo
das Waschbecken
tuvalet fırçası
die Toilettenbürste
bornoz
der Bademantel
saç kurutma makinesi
der Föhn

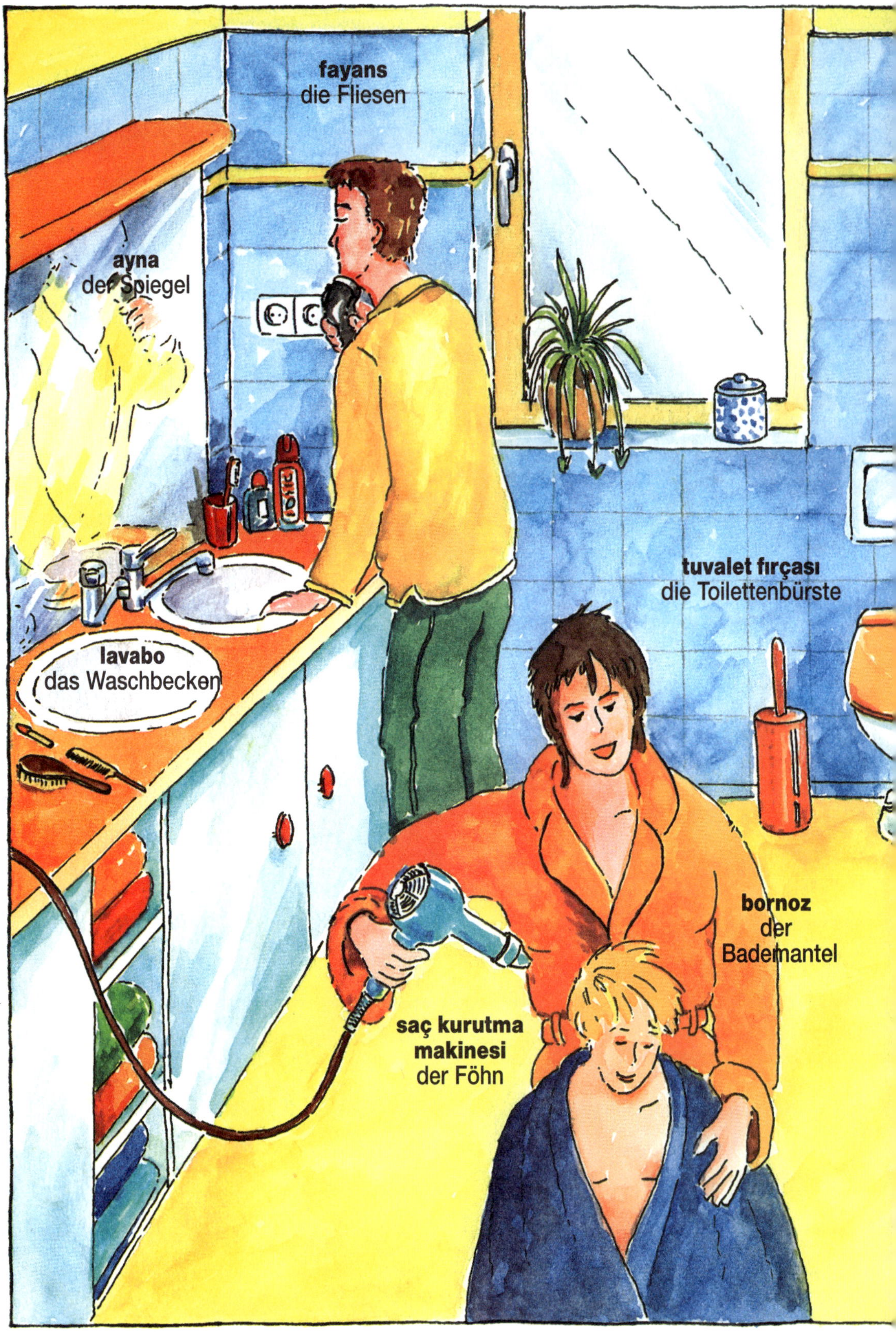

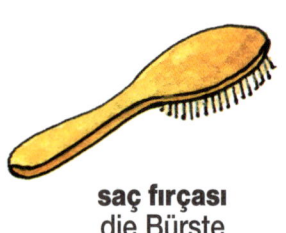

saç fırçası
die Bürste

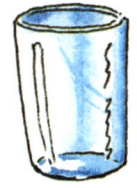

diş yıkama bardağı
der Zahnputzbecher

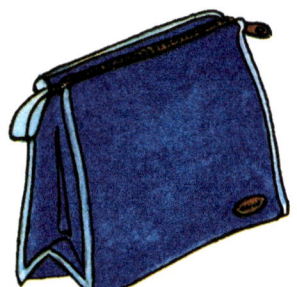

kozmetik çantası
der Waschbeutel

Fleur

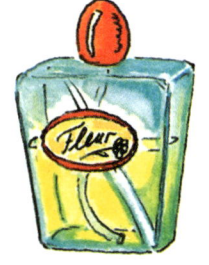

esans
das Parfüm

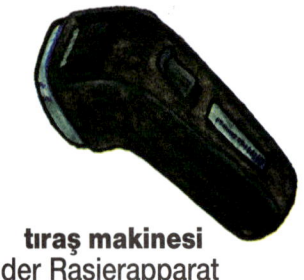

tıraş makinesi
der Rasierapparat

Deo
STICK

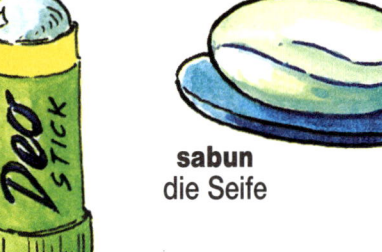

deodoran
das Deodorant

sabun
die Seife

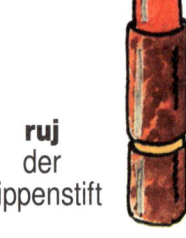

ruj
der Lippenstift

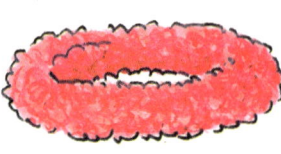

saç lastiği
das Haargummi

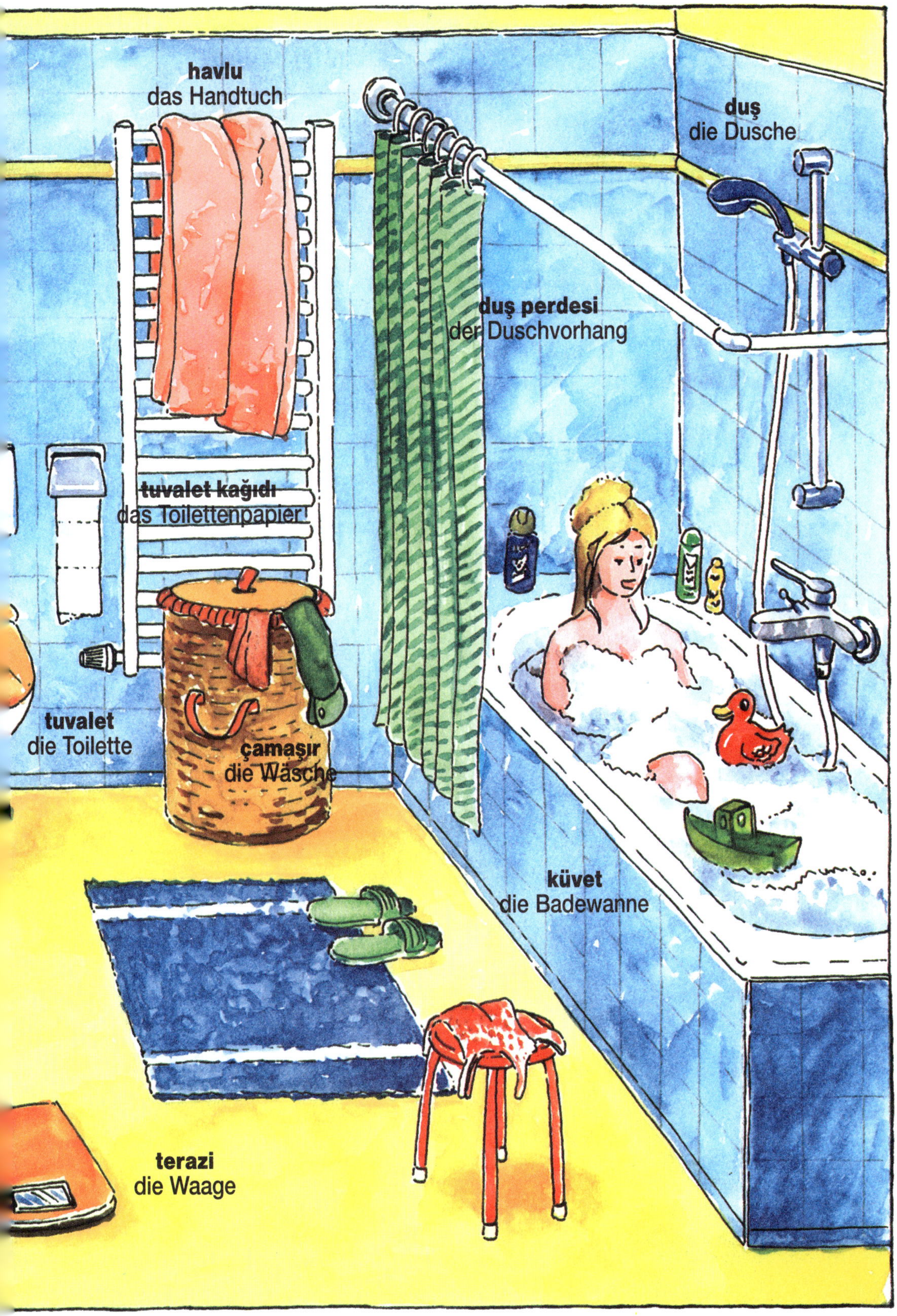

havlu
das Handtuch
duş
die Dusche
duş perdesi
der Duschvorhang
tuvalet kağıdı
das Toilettenpapier
tuvalet
die Toilette
çamaşır
die Wäsche
küvet
die Badewanne
terazi
die Waage

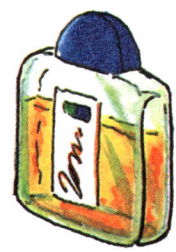

tıraş losyunu
das Rasierwasser

NIWA

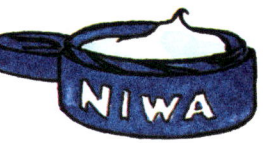

krem
die Creme

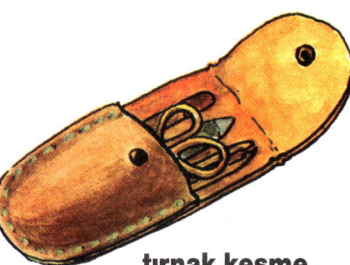

tırnak kesme takımı
das Nageletui

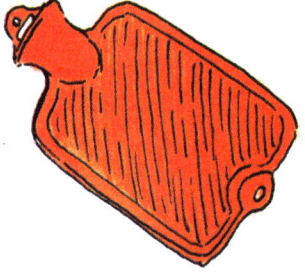

sıcak su torbası
die Wärmflasche

Schaumi

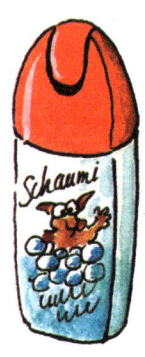

köpüklü banyo
das Schaumbad

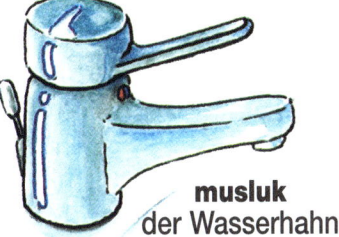

musluk
der Wasserhahn

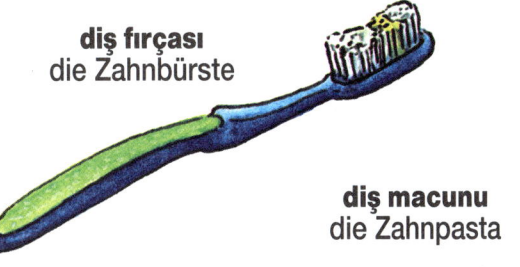

diş fırçası
die Zahnbürste

diş macunu
die Zahnpasta

ORANAL

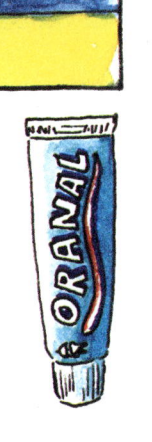

Şehrimizde • In unserer Stadt

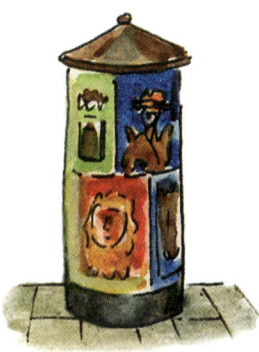

ilan kulesi
die Litfaßsäule

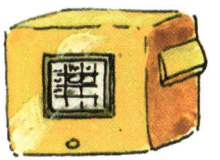

posta kutusu
der Briefkasten

Bildstadt

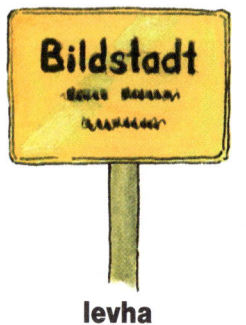

levha
das Ortsschild

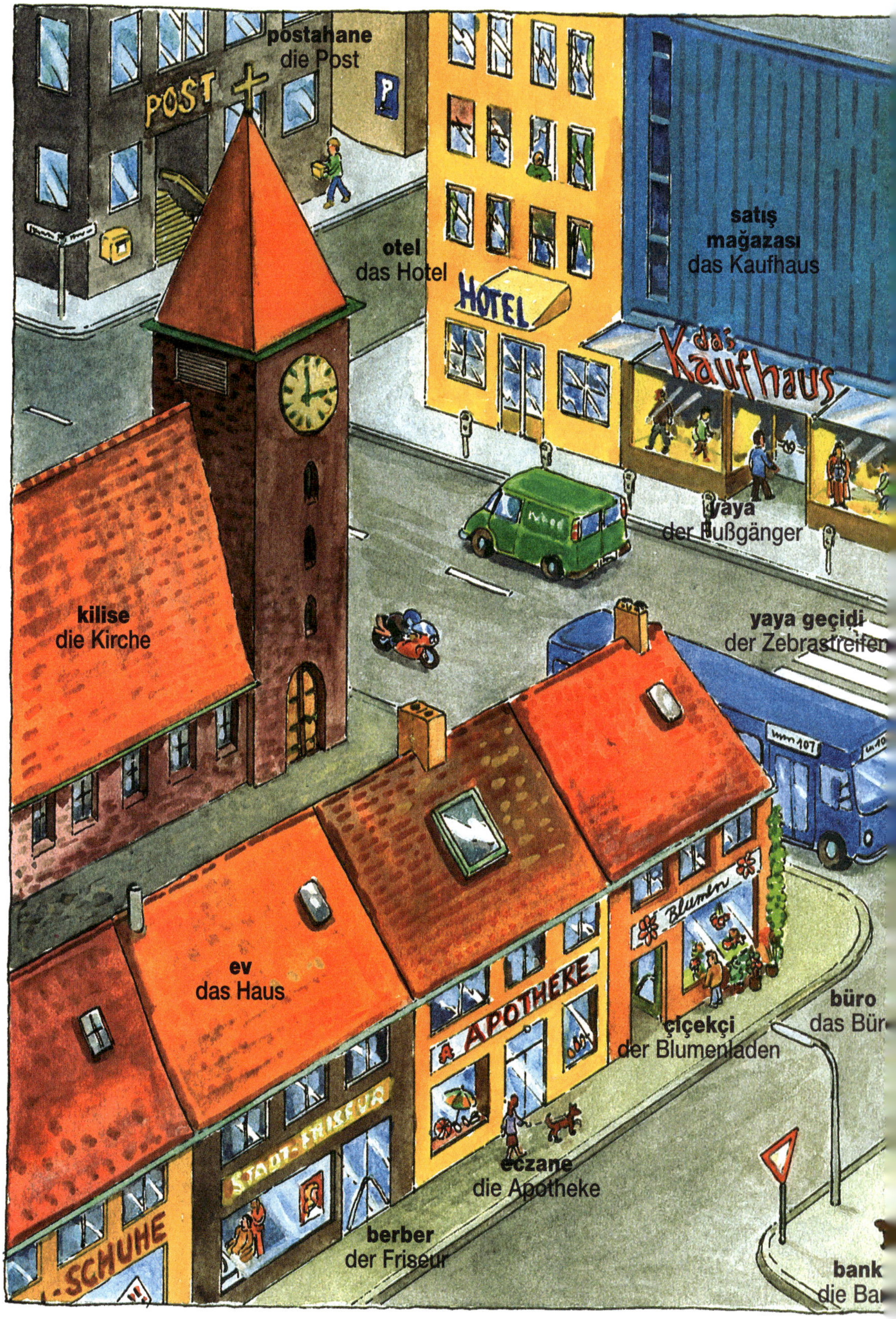
postahane
die Post
POST
otel
das Hotel
HOTEL
satış mağazası
das Kaufhaus
Kaufhaus
kilise
die Kirche
yaya
der Fußgänger
yaya geçidi
der Zebrastreifen
ev
das Haus
büro
das Bür
çiçekçi
der Blumenladen
Blumen
APOTHEKE
eczane
die Apotheke
STADT-FRISEUR
berber
der Friseur
SCHUHE
bank
die Ba

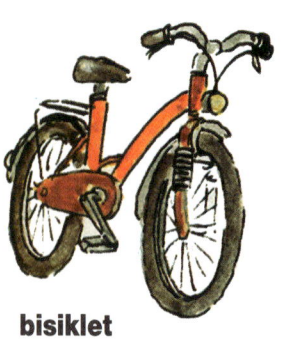

bisiklet
das Fahrrad

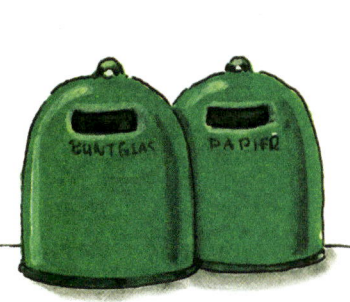

çöp varili
der Müllcontainer

H

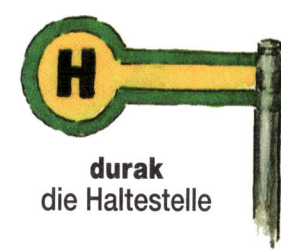

durak
die Haltestelle

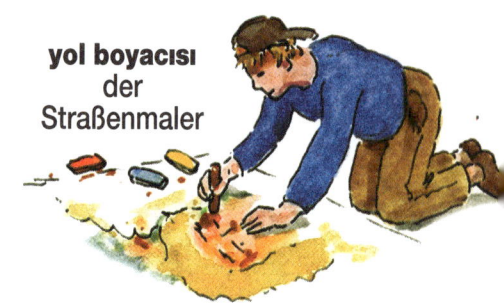

yol boyacısı
der
Straßenmaler

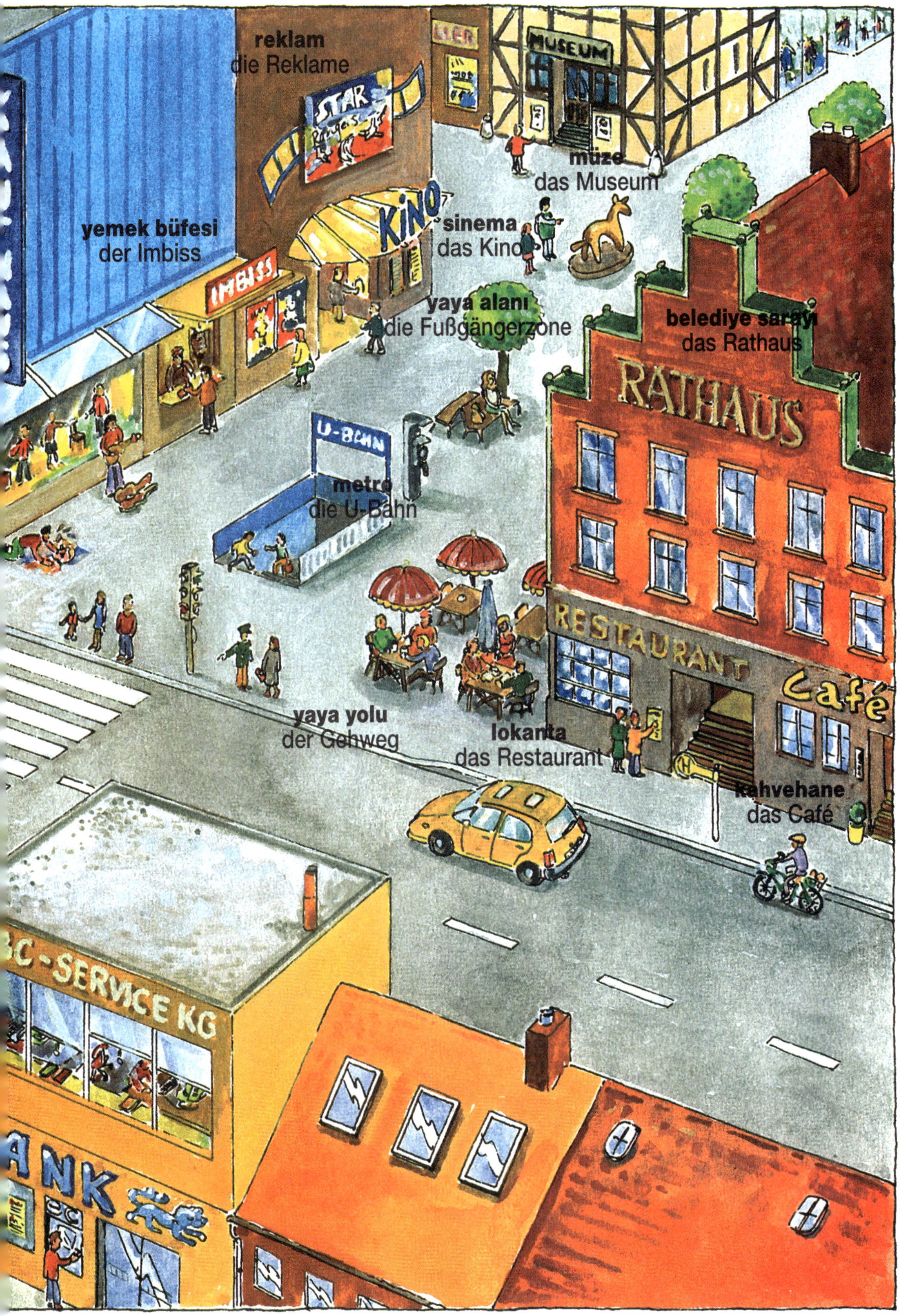

reklam
die Reklame

müze
das Museum

yemek büfesi
der Imbiss

sinema
das Kino

yaya alanı
die Fußgängerzone

belediye sarayı
das Rathaus

RATHAUS

RESTAURANT

Café

metro
die U-Bahn

yaya yolu
der Gehweg

lokanta
das Restaurant

kahvehane
das Café

BC - SERVICE KG

ANK

park saati
die Parkuhr

polis
der Polizist

yol lambası
die
Straßenlaterne

trafik lambası
die Ampel

seyyar müzisyen
der
Straßenmusikant

**telefon
kulübesi**
die
Telefonzelle

taksi
das Taxi

Okulda • In der Schule

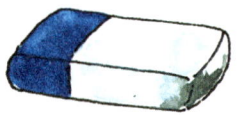

silgi
der Radiergummi

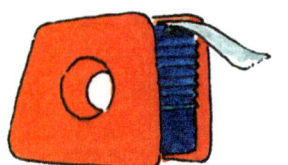

tesafilm
der Tesafilm

OHO

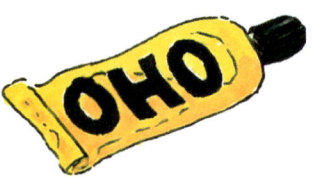

tutkal
der Klebstoff

Zeugnis

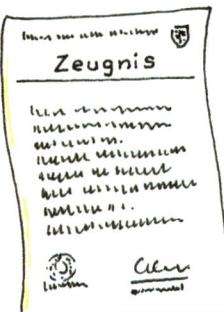

karne
das Zeugnis

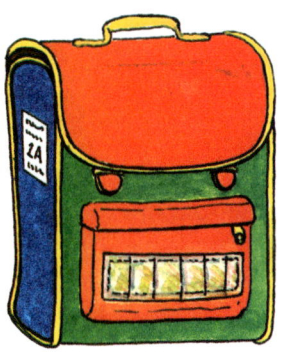

okul çantası
der Schulranzen

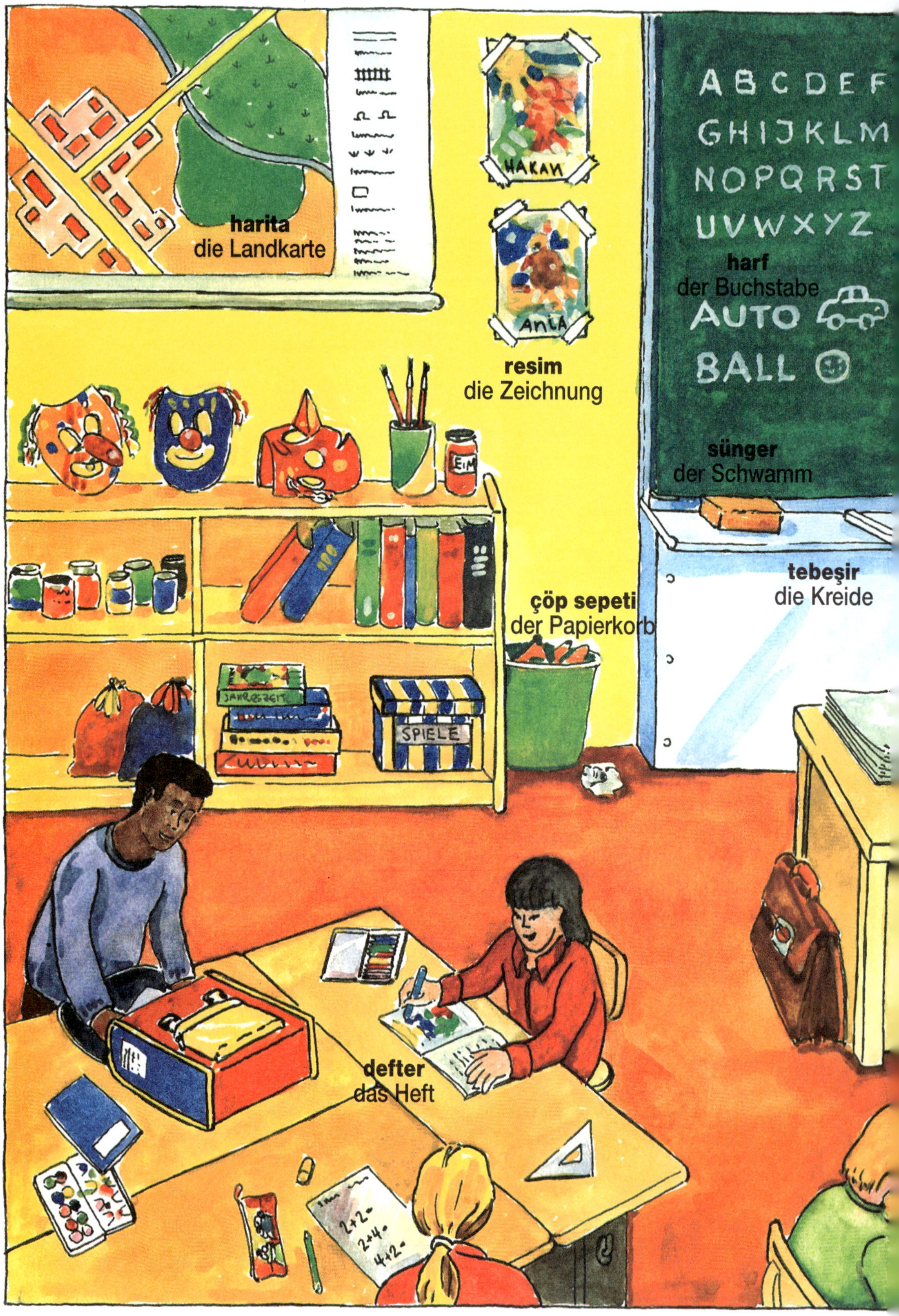
harita
die Landkarte
HAKAN
ANIA
resim
die Zeichnung
ABCDEF
GHIJKLM
NOPQRST
UVWXYZ
harf
der Buchstabe
AUTO
BALL
sünger
der Schwamm
tebeşir
die Kreide
çöp sepeti
der Papierkorb
SPIELE
defter
das Heft

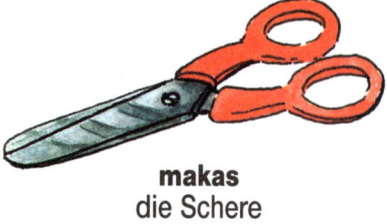

makas
die Schere

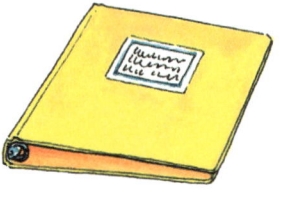

klasör
der Ordner

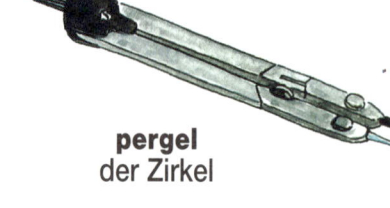

pergel
der Zirkel

tahta
die Tafel

sayı
die Zahl

2+2 = 4

okul bahçesi
der Schulhof

bayan öğretmen
die Lehrerin

erkek öğrenci
der Schüler

duvar
die Wand

sınıf defteri
das Klassenbuch

yaprak
das Blatt

kız öğrenci
die Schülerin

kalemtıraş
der Anspitzer

okul kitabı
das Schulbuch

teneffüs ekmeği
das Pausenbrot

boya kutusu
der Farbkasten

balmumu boya kalemi
der Wachsmalstift

cetvel
das Lineal

renkli kalem
der Buntstift

kalemlik
das Federmäppchen

25

Süpermarkette • Im Supermarkt

makarna
die Nudeln

fasulye
die Bohne

bisküvi
die Kekse

çikolata
die Schokolade

fırın
die Bäckerei

BROT

KÄSE

WURS

bayan tezgahtar
die Verkäuferin

peynir
der Käse

salam
die Wurst

ev eşyaları
die
Haushaltsartikel

HAUSHALTSWAREN

TIERNAHRUNG

KONSERVEN

konserve
die Konserven

ucuzluk
das Sonder-
angebot

Sonder-
angebot

REINIGUNGSMITTEL

ZEITSC

hayvan yemi
die Tiernahrung

temizlik maddesi
die
Reinigungsmittel

şekerleme
die Bonbons

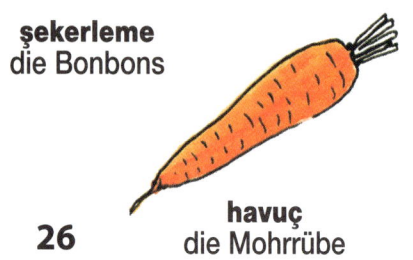

havuç
die Mohrrübe

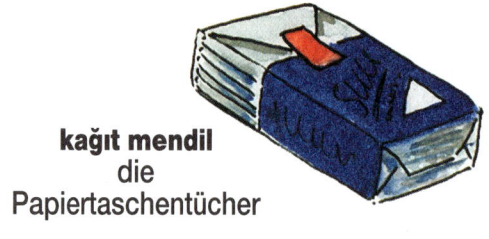

kağıt mendil
die
Papiertaschentücher

limon
die Zitrone

yoğurt
der Jogurt

FLEISCH

et
das Fleisch

un
das Mehl

şekerlemeler
die Süßigkeiten

SÜSSIGKEITEN

GETRÄNKE

kiraz
die Kirsche

**çubuklu
şekerleme**
der Lutscher

sebze
das Gemüse

içecekler
die Getränke

meyve
das Obst

müşteri
der Kunde

alışveriş arabası
der Einkaufswagen

kaymak
die Sahne

dergiler
die Zeitschriften

kasa
die Kasse

şişe
die Flasche

çanta
die Tasche

şeftali
der Pfirsich

armut
die Birne

bezelye
die Erbsen

tuz
das Salz

çilek
die Erdbeere

Hayvanat bahçesinde • Im Zoo

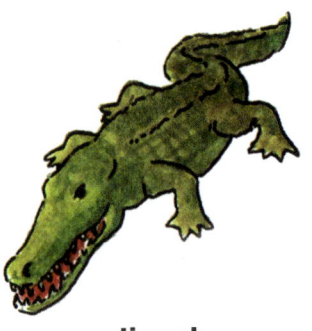

timsah
das Krokodil

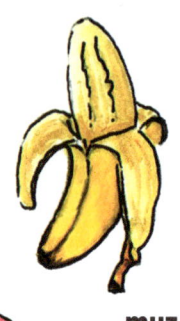

muz
die Banane

Cola

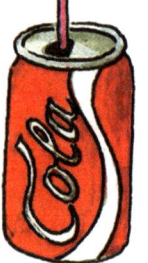

içecek
das Getränk

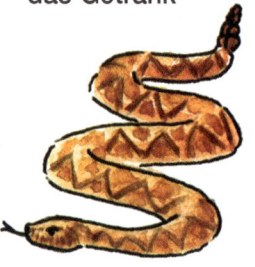

yılan
die Schlange

Digi.

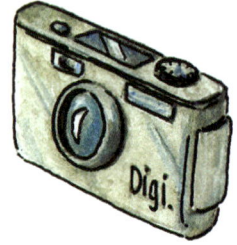

fotograf makinesi
der Fotoapparat

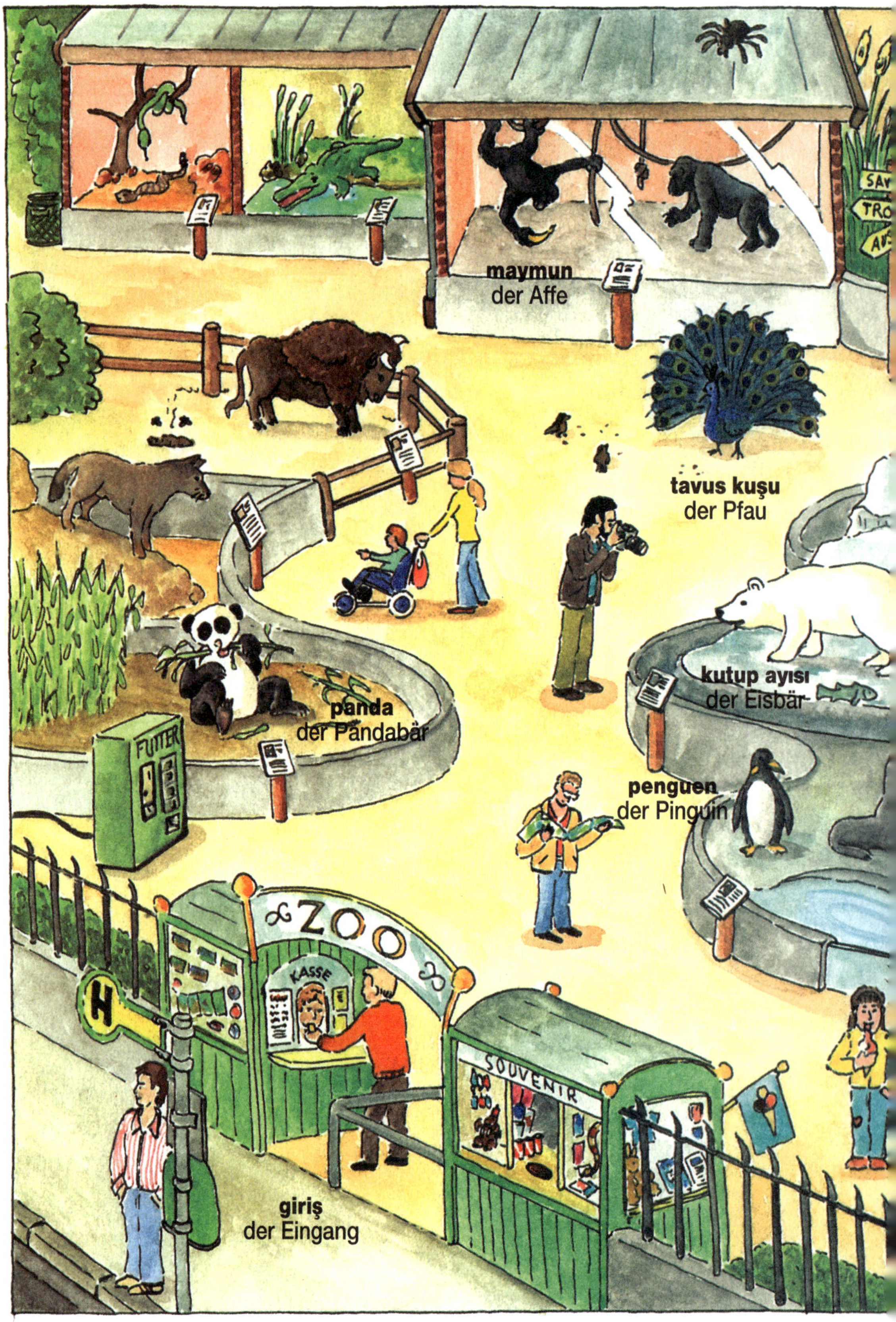
maymun
der Affe
tavus kuşu
der Pfau
panda
der Pandabär
kutup ayısı
der Eisbär
penguen
der Pinguin
FUTTER
ZOO
KASSE
H
SOUVENIR
giriş
der Eingang

ZOO
1 Kind
1 Kind

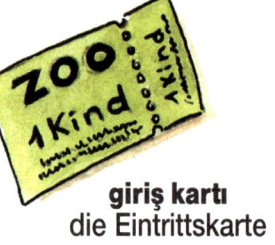

giriş kartı
die Eintrittskarte

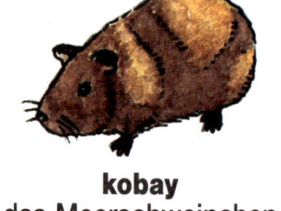

kobay
das Meerschweinchen

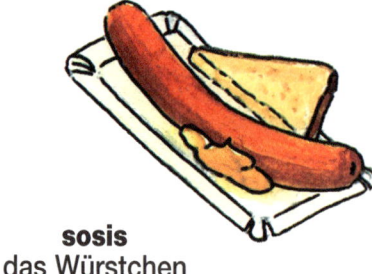

sosis
das Würstchen

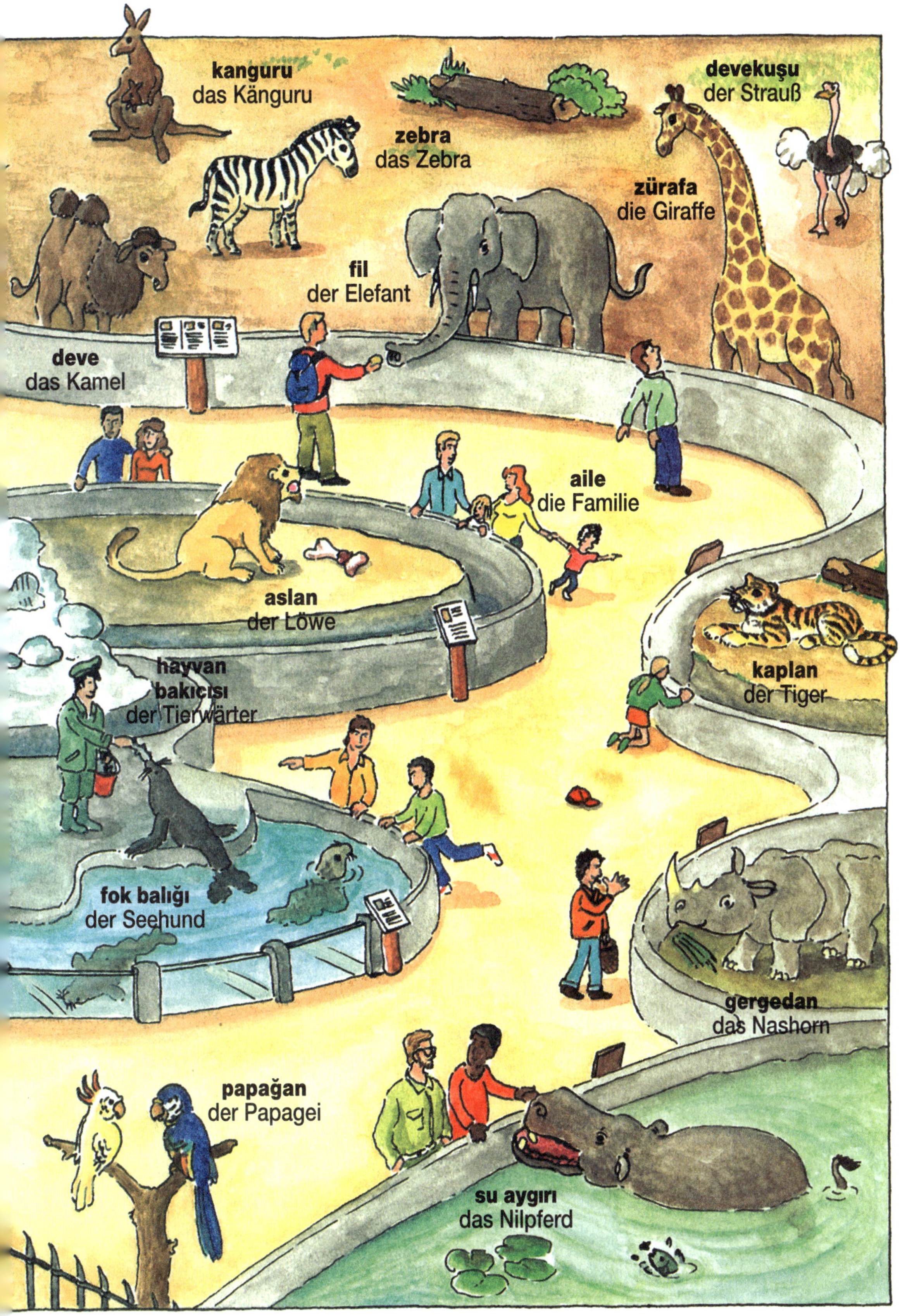

kanguru
das Känguru
zebra
das Zebra
devekuşu
der Strauß
zürafa
die Giraffe
fil
der Elefant
deve
das Kamel
aile
die Familie
aslan
der Löwe
hayvan
bakıcısı
der Tierwärter
kaplan
der Tiger
fok balığı
der Seehund
gergedan
das Nashorn
papağan
der Papagei
su aygırı
das Nilpferd

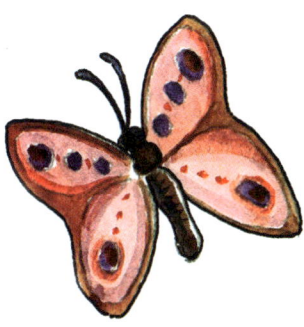

kelebek
der Schmetterling

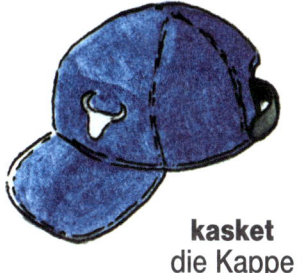

kasket
die Kappe

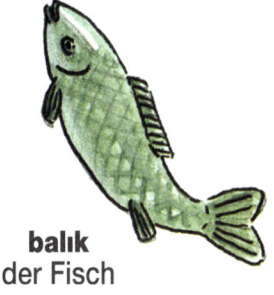

balık
der Fisch

ABFALL

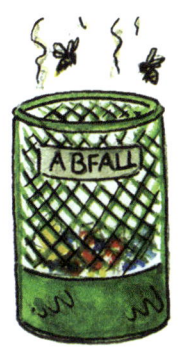

çöp tenekesi
der Abfalleimer

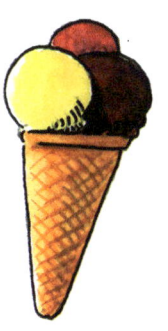

dondurma
das Eis

TIER
FUTTER
500g

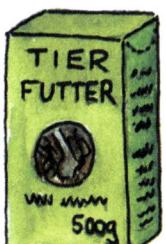

hayvan yemi
die Tiernahrung

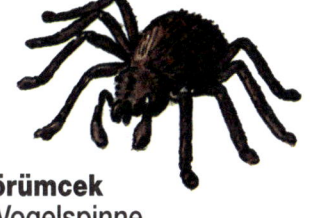

örümcek
die Vogelspinne

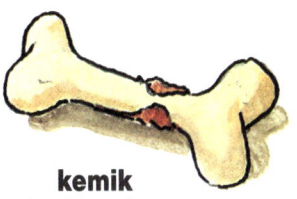

kemik
der Knochen

İlkbaharda çiftlikte • Im Frühling auf dem Bauernhof

at
das Pferd

tay
das Fohlen

domuz
das Schwein

domuz yavrusu
das Ferkel

köpek
der Hund

çit
der Zaun

otlak
die Weide

köy evi
das Bauernhaus

çatı
das Dach

samanlık
die Scheune

kapı
die Tür

bahçe
der Garten

köylü kadın
die Bäuerin

römork
der Anhänger

tavuk kümesi
der Hühnerstall

pulluk
der Pflug

traktör
der Traktor

kaz
die Gans

ördek
die Ente

hindi
der Truthahn

adatavşanı
das Kaninchen

meyve ağacı
der Obstbaum

köpek kulübesi
die Hundehütte

tırpan
die Sense

köylü
der Bauer

kuru ot
das Heu

sap yumağı
der Strohballen

ahır
der Stall

tarla
das Feld

gübre yığını
der Misthaufen

koyun
das Schaf

kuzu
das Lamm

kedi
die Katze

horoz
der Hahn

inek
die Kuh

dana
das Kalb

boğa
der Stier

civciv
das Küken

tavuk
das Huhn

31

Yazın denizde • Im Sommer am Meer

kum kovası
der Sandeimer

karides
die Garnele

su topu
der Wasserball

deniz kestanesi
der Seeigel

fok
der Seehund

martı
die Möwe

gökyüzü
der Himmel

kotra
der Fischkutter

kumul
die Düne

sahil
der Strand

elek
das Sieb

dil balığı
die Scholle

güneş gözlüğü
die Sonnenbrille

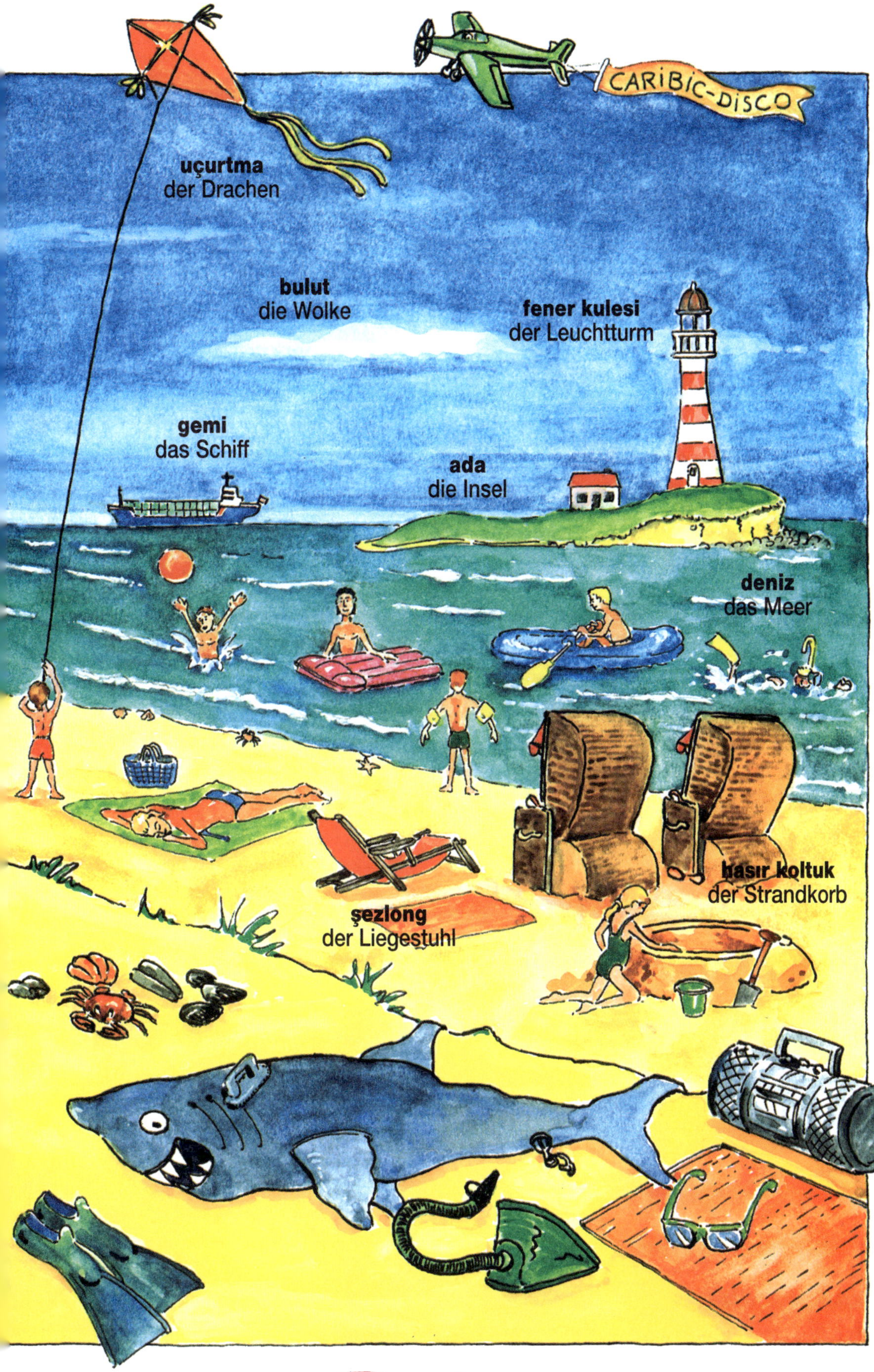
CARIBIC-DISCO
uçurtma
der Drachen
bulut
die Wolke
fener kulesi
der Leuchtturm
gemi
das Schiff
ada
die Insel
deniz
das Meer
hasır koltuk
der Strandkorb
şezlong
der Liegestuhl

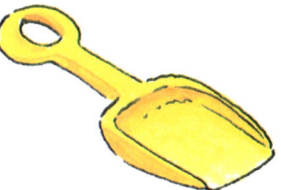

kum küreği
die Sandschaufel

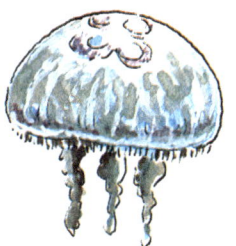

su medüsü
die Qualle

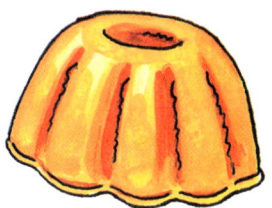

kum kalıbı
die Sandform

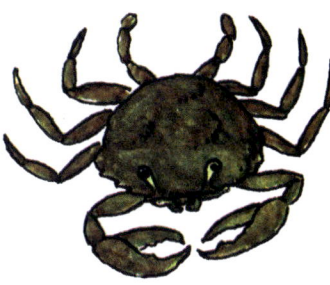

sahil karidesi
die Strandkrabbe

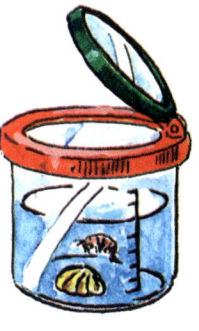

büyüteç
die Lupe

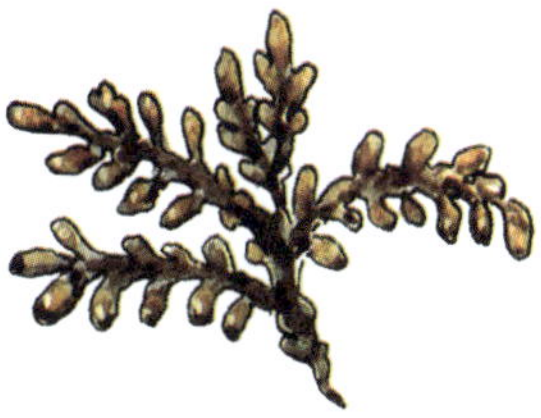

deniz yosunu
der Seetang

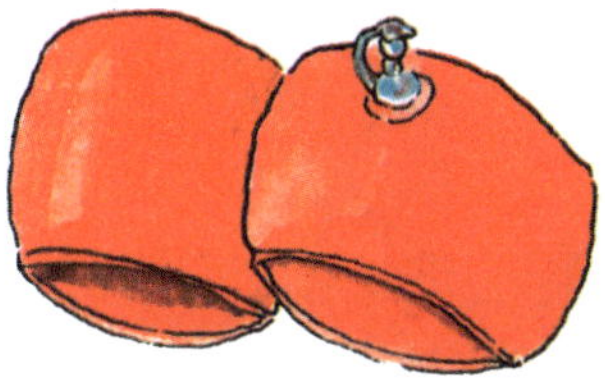

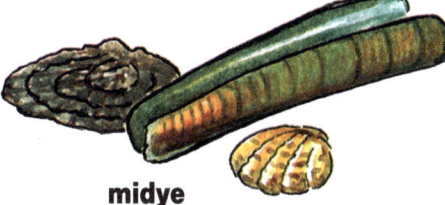

can simidi
die Schwimmflügel

midye
die Muscheln

Sonbaharda orman ve çayır • Wald und Wiese im Herbst

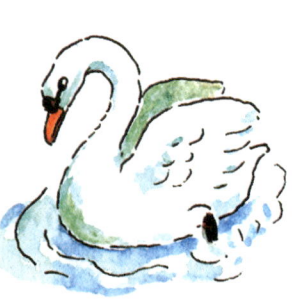

kuğu
der Schwan

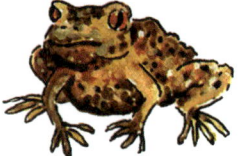

kurbağa
der Frosch

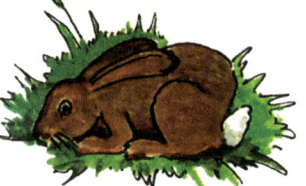

tavşan
der Hase

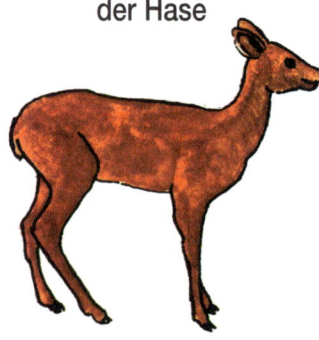

karaca
das Reh

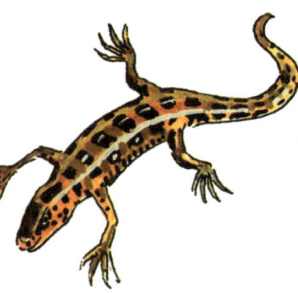

kertenkele
die Eidechse

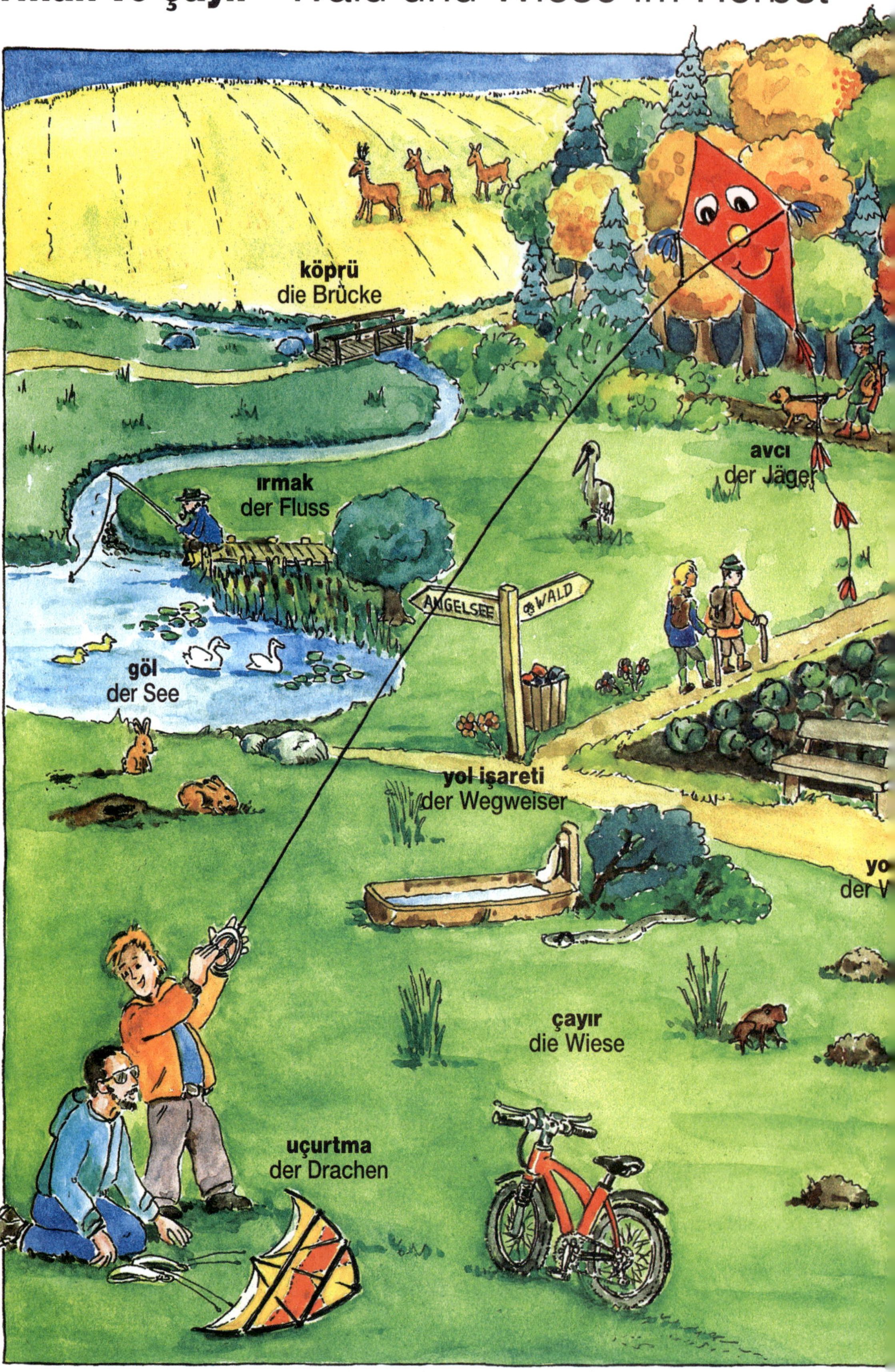

köprü
die Brücke
ırmak
der Fluss
avcı
der Jäger
ANGELSEE
WALD
göl
der See
yol işareti
der Wegweiser
çayır
die Wiese
uçurtma
der Drachen

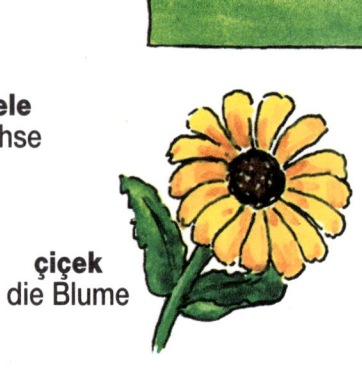

çiçek
die Blume

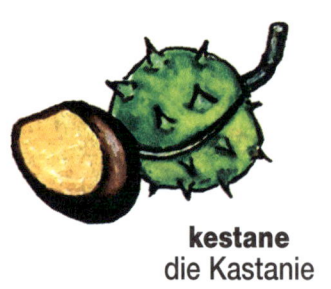

kestane
die Kastanie

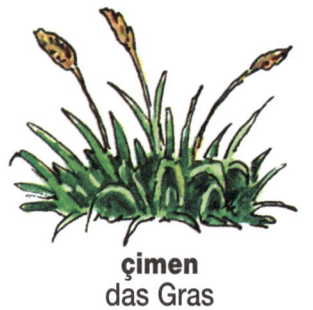

çimen
das Gras

orman
der Wald

köy
das Dorf

korkuluk
die Vogelscheuche

yemlik
die Futterkrippe

karınca yuvası
der Ameisenhaufen

kuş
der Vogel

taş
der Stein

dal
der Ast

gövde
der Stamm

ağaç
der Baum

örümcek
die Spinne

tilki
der Fuchs

köstebek
der Maulwurf

mantar
der Pilz

kirpi
der Igel

elma
der Apfel

yer solucanı
der Regenwurm

yaprak
das Blatt

palamut
die Eichel

Kışın dağlarda • Im Winter in den Bergen

kardan adam
der Schneemann

kayak ayakkabısı
die Skistiefel

kar sürgüsü
der Schneeschieber

çam ağacı
die Tanne

kay kay
das Snowboard

çığ
die Lawine

vadi durağı
das Stadion

teleferik
der Skilift

teleferik
die Seilbahn

alçı
das Gipsbein

geyik boynuzu
das Geweih

saçak buzu
die Eiszapfen

doruk
der Gipfel

kayak evi
die Skihütte

kar açma arabası
das Schneeräumfahrzeug

pist
die Piste

kar
der Schnee

patenci
die Schlittschuh-
läuferin

kayak
die Skier

kayak değneği
die Skistöcke

duman
der Rauch

Sen Bernar köpeği
der Bernhardiner

kar topu
der Schneeball

kızak
der Schlitten

37

Ailem • Meine Familie

amca
der Onkel

hala
die Tante

büyükanne
die Urgroßmutter

kuzin
die Cousine

kuzen
der Cousin

büyükbaba
der Urgroßvater

baba
der Vater

anne
die Mutter

dede
der Großvater

nine
die Großmutter

oğlan
der Sohn

kız
die Tochter

Havada • In der Luft

uçak
das Flugzeug

planör
das Segelflugzeug

pilot
der Pilot

helikopter
der Hubschrauber

kule
der Kontrollturm

hostes
die Stewardess

Yolda • Auf der Straße

otoban
die Autobahn

motosiklet
das Motorrad

otobüs
der Omnibus

trafik levhası
das Verkehrsschild

araba
das Auto

Raylardar • Auf den Schienen

tramvay
die Straßenbahn

tren
der Zug

biletçi
der Schaffner

ray
die Schienen

Suda • Auf dem Wasser

liman
der Hafen

feribot
die Fähre

gemi
das Schiff

kaptan
der Kapitän

havalı yastık bot
das Luftkissenboot

deniz eri
der Matrose

motorlu tekne
das Motorboot

Karşıtlıklar • Gegensätze

kalın
dick

ince
dünn

hızlı
schnell

yavaş
langsam

pürüzlü
rau

kaygan
glatt

sağ
rechts

büyük
groß

küçük
klein

temiz
sauber

pis
schmutzig

sol
links

yukarıda
oben

ağır
schwer

hafif
leicht

dolu
voll

boş
leer

uzak
fern

aşağıda
unten

yakın
nah

çok
viel

az
wenig

açık
offen

kapalı
geschlossen

ıslak nass

kuru trocken

çirkin hässlich

güzel schön

kısa kurz

uzun lang

yüksek hoch

alçak niedrig

sağlıklı gesund

hasta krank

soğuk kalt

sıcak heiß

sert hart

yumuşak weich

üzgün traurig

neşeli fröhlich

birinci Erster

sonuncu Letzter

Saat ve haftanın günleri • Uhrzeit und Wochentage

hafta • die Woche

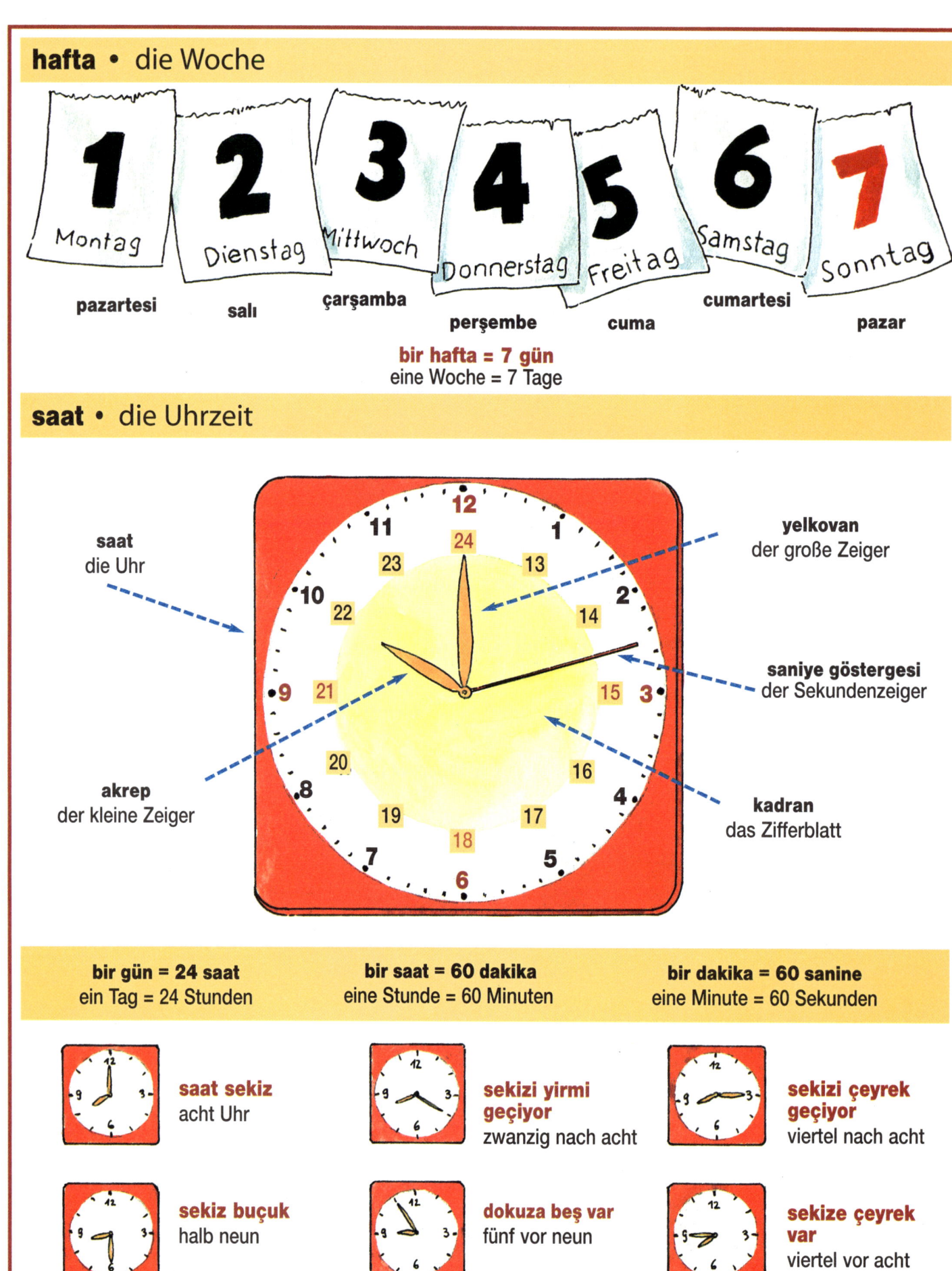

1 Montag — **pazartesi**
2 Dienstag — **salı**
3 Mittwoch — **çarşamba**
4 Donnerstag — **perşembe**
5 Freitag — **cuma**
6 Samstag — **cumartesi**
7 Sonntag — **pazar**

bir hafta = 7 gün
eine Woche = 7 Tage

saat • die Uhrzeit

saat
die Uhr

yelkovan
der große Zeiger

saniye göstergesi
der Sekundenzeiger

akrep
der kleine Zeiger

kadran
das Zifferblatt

bir gün = 24 saat
ein Tag = 24 Stunden

bir saat = 60 dakika
eine Stunde = 60 Minuten

bir dakika = 60 sanine
eine Minute = 60 Sekunden

saat sekiz
acht Uhr

sekizi yirmi geçiyor
zwanzig nach acht

sekizi çeyrek geçiyor
viertel nach acht

sekiz buçuk
halb neun

dokuza beş var
fünf vor neun

sekize çeyrek var
viertel vor acht

Sayılar · Zahlen

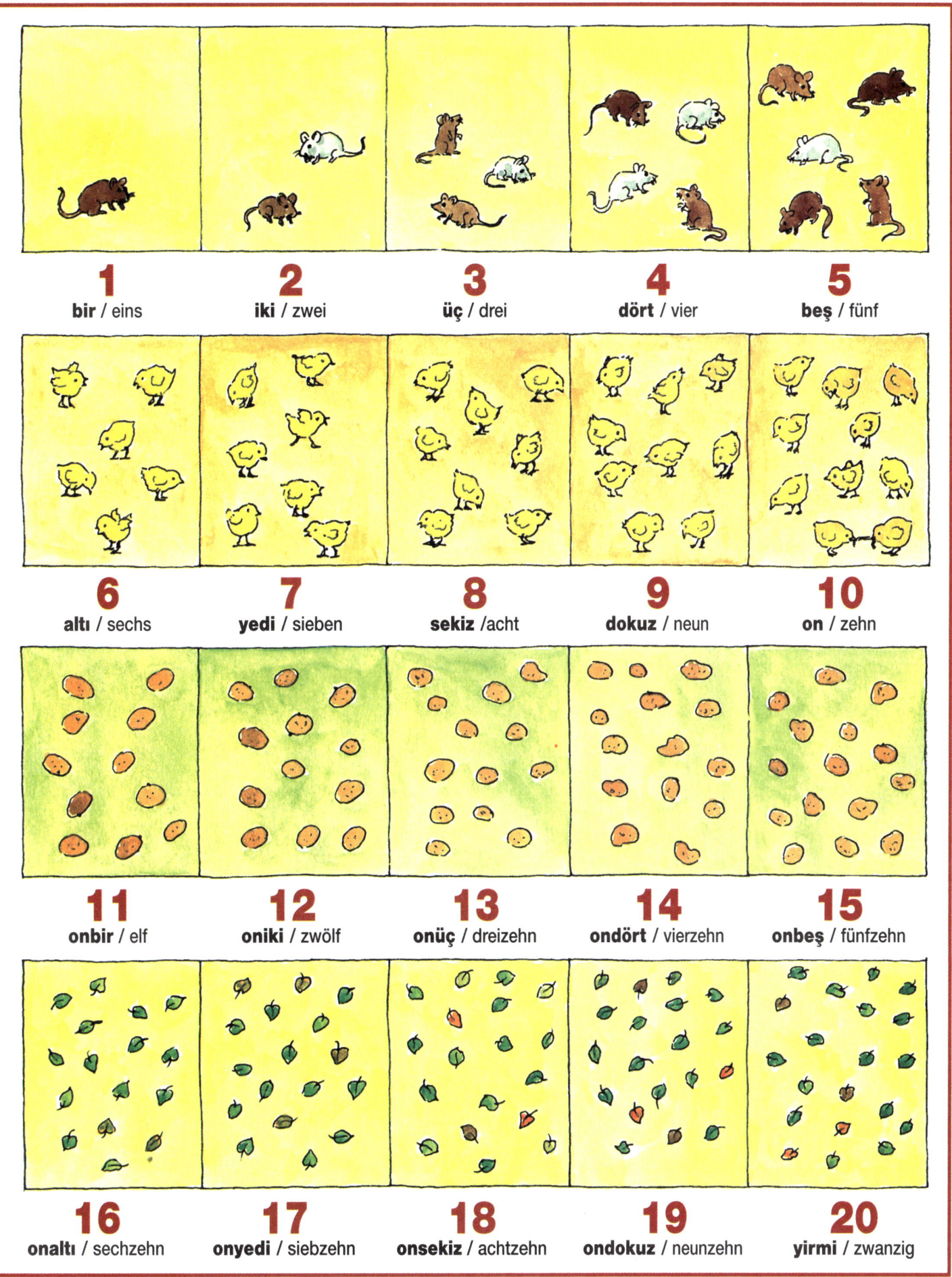

1 bir / eins

2 iki / zwei

3 üç / drei

4 dört / vier

5 beş / fünf

6 altı / sechs

7 yedi / sieben

8 sekiz /acht

9 dokuz / neun

10 on / zehn

11 onbir / elf

12 oniki / zwölf

13 onüç / dreizehn

14 ondört / vierzehn

15 onbeş / fünfzehn

16 onaltı / sechzehn

17 onyedi / siebzehn

18 onsekiz / achtzehn

19 ondokuz / neunzehn

20 yirmi / zwanzig

Söczük listesi · Wörterliste

A

Deutsch	Türkisch	Seite
Abfalleimer	çöp tenekesi (tschöp tenekessi)	29
acht	sekiz (ssekis)	43
achtzehn	onsekiz (onssekis)	43
Affe	maymun (maimun)	28
Ameisenhaufen	karınca yuvası (karındscha juwassı)	35
Ampel	trafik lambası (trafik lambassı)	23
Anhänger	römork (römork)	30
Anorak	anorak (anorak)	8
anschauen	bakmak (bakmak)	6
Anspitzer	kalemtıraş (kalämmtırasch)	25
Apfel	elma (elma)	35
Apotheke	eczane (edschsane)	22
Arm	kol (koll)	4
Armband	bilezik (bilesik)	8
Armbanduhr	kol saati (koll ssaati)	9
Ast	dal (dall)	35
aufräumen	toplamak (toplamak)	6
aufwachen	uyanmak (ujanmak)	7
Auge	göz (gös)	5
Augenbraue	kaş (kasch)	5
Auto	araba (araba)	39
Autobahn	otoban (otobahn)	39

B

Deutsch	Türkisch	Seite
Backofen	fırın (fırın)	17
Badeanzug	mayo (majo)	8
Bademantel	bornoz (bornos)	20
Badewanne	küvet (küwät)	21
Bäckerei	fırın (fırın)	26
Bäuerin	köylü kadın (köilü kadın)	30
Balkon	balkon (balkon)	11
Ball	top (topp)	13
Banane	muz (mus)	28
Bank	banka (banka)	22
Bauch	karın (karın)	4
Bauer	köylü (köilü)	31
Bauernhaus	köy evi (köi ewi)	30
Bauklötze	oyun tahtaları (ojun tachtaları)	13
Baum	ağaç (aatsch)	35
Becher	bardak (bardak)	17
Beet	tarh (tarch)	11
Bein	bacak (badschak)	4
Bernhardiner	Sen Bernar köpeği (Ssen Bernar köpei)	37
Besen	süpürge (ssüpürge)	10
Bett	yatak (jatak)	12
Bettdecke	yorgan (jorgan)	12
Bikini	bikini (bikini)	9
Bild	resim (ressim)	14
Birne	armut (armut)	27
Blatt	yaprak (japrak)	25/35
Blockflöte	blokflüt (blockflütt)	12
Blume	çiçek (tschitschek)	34
Blumenladen	çiçekçi (tschitschecktschi)	22
Bluse	luz (bulus)	9
Bohne	fasulye (fassulje)	26
Bonbons	şekerleme (scheckerleme)	26
Brett	tahta (tachta)	17
Briefkasten	posta kutusu (posta kutussu)	11/22
Brille	gözlük (göslük)	9

Deutsch	Türkisch	Seite
Brötchen	küçük ekmek (kütschük eckmeck)	18
Brot	ekmek (eckmeck)	18
Brücke	köprü (köpprü)	34
Brust	göğüs (gööüss)	4
Buch	kitap (kitapp)	14
Buchstabe	harf (harf)	24
Büro	büro (büro)	22
Bürste	saç fırçası (ssatsch fırtschassı)	20
Bürste (Spülbürste)	bulaşık fırçası (bulaschick fırtschassı)	17
Buntstift	renkli kalem (ränkli kallem)	25

C

Deutsch	Türkisch	Seite
Café	kahvehane (kachwehane)	23
CD	yoğun teker (jooun teker)	15
CD-Spieler	yoğun teker (çalarjooun tekertschalar)	14
Comicheft	komik (komik)	13
Computer	bilgisayar (bilgissajar)	13
Cousin	kuzin (kusin)	38
Cousine	kuzen (kusen)	38
Creme	krem (krämm)	21

D

Deutsch	Türkisch	Seite
Dach	çatı (tschatı)	30
Dachboden	tavan arası (tawan arassı)	10
Deodorant	deodoran (deodoran)	20
dick	kalın (kallın)	40
Dienstag	salı (ssallı)	42
Donnerstag	perşembe (perschembe)	42
Dorf	köy (köj)	35
Dosenöffner	kutu açacağı (kuttu atschadschaii)	16
Drachen	uçurtma (utschurtma)	33/34
drei	üç (ütsch)	43
dreizehn	onüç (onütsch)	43
Düne	kumul (kumul)	32
dünn	ince (indsche)	40
Dusche	duş (dusch)	21
Duschvorhang	duş perdesi (dusch perdessi)	21

E

Deutsch	Türkisch	Seite
Ei	yumurta (jumurta)	19
Eichel	palamut (palamut)	35
Eidechse	kertenkele (kertennkele)	34
Eierbecher	yumurtalık (jumurtalıck)	16
Eimer	temizlik kovası (temislik kowassı)	11
Eingang	giriş (girisch)	28
Einkaufswagen	alışveriş arabası (alischverisch arabassı)	27
eins	bir (bier)	43
Eintrittskarte	giriş kartı (girisch kartı)	28
Eis	dondurma (dondurma)	18/29
Eisbär	kutup ayısı (kutup ajıssı)	28
Eiszapfen	saçak buzu (satschak buzu)	36
Elefant	fil (fill)	29
elf	onbir (onbirr)	43
Ellenbogen	dirsek (dirrsseck)	4
Ente	ördek (ördek)	30
Erbsen	bezelye (besälje)	27
Erdbeere	çilek (tschilek)	27
Erster	birinci (birindschi)	41
Esslöffel	kaşık (kaschık)	17

45

46